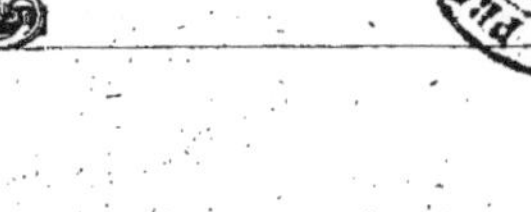

FACULTÉ DE DROIT DE RENNES

THÈSE

POUR

LA LICENCE

RENNES

IMPRIMERIE DE CH. CATEL ET Cⁱᵉ,

rue du Champ-Jacquet, 25.

UNIVERSITÉ DE FRANCE. — ACADÉMIE DE RENNES.

FACULTÉ DE DROIT.

THÈSE POUR LA LICENCE.

JUS ROMANUM........................ De Peculio Legato.

DROIT FRANÇAIS... { CODE NAPOLÉON..... Des Legs en général, et spécialement du Legs particulier.

{ PROCÉDURE CIVILE.... Des Descentes sur les Lieux.

Cette thèse sera soutenue le vendredi 12 août 1859, à deux heures de l'après-midi

Par M. Charles COUDÉ,

Né à Pacé (Ille-et-Vilaine), le 29 octobre 1838.

Examinateurs,

MM. RICHELOT, doyen; DE CAQUERAY, BLONDEL, professeurs; LEVEILLÉ, agrégé.

RENNES

IMPRIMERIE DE CHARLES CATEL ET Cⁱᵉ,

rue du Champ-Jacquet, 25.

1859

A MON PÈRE ET A MA MÈRE.

———

A mon Grand-Père et à ma Grand-Mère.

———

A MA FAMILLE.

JUS ROMANUM.

De Peculio Legato.

(Liv. **XXXIII**, tit. 8, au Digeste.)

Peculium, ut ait jurisconsultus romanus, id est : « Quod servus vel filiusfamilias domini vel patris permissu separatum a rationibus domesticis vel paternis habet; » sed peculium in hæreditate patrisfamilias manet, nisi probetur ipsis vel alteri relictum. Hæc defuncti voluntas, seu expressis verbis manifesta apparet, seu ex circumstanciis inducitur, sic :

Si de servis agitur, quibus libertas data sit, distinguere necesse est : nam, si testamento manumissio fit, apud eos non remanere peculium, nisi voluntas testatoris contraria probetur, supra vidimus; dum si libertas, vivo testatore, conceditur, eis concessum quoque peculium evidentissime putamus, nisi adimatur.

Ut peculium, servi testamento manumissi non illum sequitur, nisi legetur : ita, si legatus fuerit servus, peculium excipere non est necesse, quia pariter non sequitur, nisi legetur. (L. 24, Ulpien, lib. 43, Ad Sab.)

His expositis, tria nobis quærenda sunt : 1° quæ res in peculio legato contineantur; 2° quæ deductiones ex eo fiant, et quomodo; 3° quo tempore æstimetur quid sit in legato peculio.

§ I.

Si servus liber esse jussus sit, eique peculium legatum sit, vicariorum ejus vicarii legato continentur; a fortiori autem ipsi vicarii.

In hoc legato continentur non solum omne corporale, sed etiam et peculiaria nomina; verumtamen constat eum, cui peculium libertasque testamento relicta sunt, quem vivus testator postea manumissum misit, consequi ex testamento debere ut nominum peculii actiones ab hæredibus præstentur. Donec hæc cessio fiat, ei contra debitores agere non licet.

Peculium legatum augetur etiam nominibus quorum et hæres ipse et conservus servo debitores erant.

De superioribus non est, ut ita dicam, inter auctores controversia; sed dissentiunt quum quæritur an in legato, ipso jure, contineatur id quod dominus servo debebat. Affirmative respondet Ulpianus; sed multi alii, Severi et Antonini imperatorum sententiam sequentes, dicunt : non regulariter contineri legato peculii id quod dominus debet servo, qui in rationes domesticas impendit, nisi contraria appareat voluntas testatoris. Hæc autem defuncti voluntas ex ejus consuetudine alligitur.

Item, quum compensationi locus erit : certe compensare potest servus hoc quod impendit cum eo quod domino debetur :

Quæ solutiones sine dubio non minus ponendæ sunt in casu peculii filiofamilias legati : exempli causa de solo servo diximus.

Non continetur peculio legato quod jam peculio exemerant servus aut filiusfamilias. Inde, ut putat Ulpianus, si decem aureos, libertatis conditionem, servus hæredi dedisset, hi nummi non esse in legato creduntur.

Si quidem rem aliquam servus vel filiusfamilias de peculio detraxerunt actu etsi invalido, hæc res tamen extra peculium ponatur.

Non aliter dicemus quum paterfamilias vel dominus aliquid peculio subtraxere. Id legato exemptum videtur, nisi voluntas non adimendi probata sit.

Denique, quum dominus servum vellet manumittere, professionem edi sibi peculii jussit, atque ita servus libertatem accessit, res peculii professioni subtractas, non videri manumisso tacite concessas, apparuit. (L. 9, Papinien, lib. 7, respons.)

§ II.

Deducitur quod servus ille, cujus peculium legatum est, domino debebat, et quidem ex quavis causa. Inde, seu res domini aut fregerit aut subreperit, seu conservum vulneraverit, et ut uno verbo dicam, quotiescumque rem aliquam domini viliorem fecerit, omne quod, pro his maleficiis, interest domino, e peculio deducetur.

Longe differt sententia nostra, quum iste servus, non conservum quidem, semetipsum vero vulneravit vel occidit. Nihil, eo casu, deducitur, et merito : alioquin dicemus, et si fugerit, deducendum id quanto vilior factus sit propter fugam. (L. 9, § 2.)

Quæritur an servus debitor domino sit de his quæ vicarii ejus domino debent? Cum Juliano distinctionem facimus : quod si dominus vicarium noxali judicio defenderit, æstimationemque litis solverit, hoc sane primo deducendum e peculio vicarii; ejus autem peculio non sufficiente, tunc e peculio ordinarii deductionem fieri posse intra pretium vicarii; sed si debitum ex alia qua causa exortum sit, e vicarii tantum, nunquam ex ordinarii peculio deductionem efficiendam : maxima enim inter duos casus existit differentia.

Deducitur etiam, et id quod servus conservis debet, et si quid hæredi debitum fuit.

Nunc videndum est quomodo deductiones fiant :

Si peculium legetur, ait Ulpianus, et sit in corporibus, puta fundi, vel ædes, si quidem nihil sit quod servus domino, vel conservis, liberisve domini debeat, integra corpora vindicabuntur. Sin vero sit quod domino vel supra scriptis personis debeatur, deminui singula corpora pro rata debebunt. (L. 6, Ulpien; lib. 25, Ad Sabin.)

Hæc regula tamen sine exceptione non est : nam, si quædam res peculiaris specialiter alteri personæ legata sit, illam integram, auctore Scævola, hujus rei legatarius habere debet;

Deinde, non est dubitandum quin servus, pecuniam offerendo, integra corpora retinere possit. Parum refert enim, dummodo debita solvantur.

Si quis creditori suo adrogandum se dederit, et agetur de peculio cum adrogatore, Pomponius idem putat dicendum quod de hærede : deducendum ergo quod adrogatori debetur.

Quid fit contra, si peculiares sint creditores? Quamvis servo manumisso peculium legatum fuerit, non minus verum est creditorum actiones adversus eum non competi; contra hæredes tantum agere debent. Illi tamen non versabuntur in periculo : nam peculium non alias præstabunt, nisi eis caveatur defensum iri adversus creditores. Et ita Marcianus putat. (Lib. 6, Institut.)

Circa æs alienum peculiare superest observandum quod ait Ulpianus : « Et si fuerit legatum peculium, non deducto ære alieno, verendum ne inutile legatum sit; quia, quod adjicitur, contra naturam legati fit. Sed puto verum hanc adjectionem non vitiare legatum, sed nihil ei adjicere. Nec enim potest crescere vindicatio peculii per hanc adjectionem. »

Veram tamen credimus adjectionem fieri quum jam legatarius rerum possessionem nactus esset, aut quum dominus vel se remittere servo quod ille debet, vel nihil sibi servum debere, significasset.

Si peculium servo vel filio prælegare velis, ne deducatur id quod tibi debebitur, specialiter ea quæ in peculio erunt, leganda sunt.

§ III.

Nunc quærendum est quo tempore æstimetur quid sit in peculio legato

Non ad unum tempus nos referre, sed, una cum plerisque juris romani interpretibus, magna oportet uti distinctione : si fuerit peculium legatum ipsi servo manumisso, tunc spectes tempus quo dies legati cedit; itaque, omne quod, inter hoc tempus et diem mortis, peculio additum vel ex eo detractum fuerit, in lucrum aut detrimentum servi legatarii vertet;

At si legatum extraneo fit, mortis tempus solum spectare debemus; incrementa tamen, quæ ex labore naturali rerum peculiarium fient, hujus legatarii futura esse censemus :

Inde sequitur, secundum illustrem Ulpianum, ei quoque qui nihil in peculio habet, posse peculium legari : non enim tantum præsens, sed etiam futurum peculium legari potest.

Hæc distinctio secundum ipsam testatoris voluntatem scribitur, qui solus contrariam potest significare intentionem.

Superest ut aliqua dicamus de extinctione legati peculii. Exstinguitur certe quum peculium extinctum fuerit. Idem dicendum si servus mortuus sit : nam, eo deficiente, peculium non amplius intelligitur; nova fit domini servique rationum confusio.

Servo legato cum peculio, et alienato, vel manumisso, vel mortuo, legatum etiam peculii exstinguitur. Nam quæ accessorium locum obtinent exstinguuntur cum principales res peremptæ fuerint, (Dig., § 1 et 2.)

Et si ancilla cum suis natis legata sit, etiam mortua ea, vel manumissa, nati ad legatarium pertinebunt, quia duo legata sunt separata. Si cum vicariis legatus sit servus, durat vicariorum legatum et mortuo eo, aut alienato, aut manumisso. (Dig., § 3 et 4.)

DROIT FRANÇAIS.

CODE NAPOLÉON.

Des Legs en général, et spécialement du Legs particulier.

(Cod. Nap., tit. 2, chap. V^e, sections 3, 4 et 5.)

Le titre de notre matière nous présente deux points bien distincts, qui feront l'objet de deux chapitres : dans un premier, nous ferons l'historique des dispositions testamentaires sous l'ancien droit; puis, après l'énumération des legs dans le droit actuel, nous donnerons sur chaque espèce un exposé rapide. Dans un second chapitre, nous entrerons dans de plus amples détails sur le legs particulier, nous attachant surtout à faire ressortir les caractères spéciaux de cette espèce de disposition testamentaire.

CHAPITRE I.

Des legs en général.

I. — Si nous remontons au droit ancien, nous rencontrons deux points de différence notables entre les provinces de législation écrite et celles de législation coutumière.

Dans les provinces de droit écrit, c'est-à-dire dans celles qui suivaient le droit romain, le testament occupait la première place, d'après la règle : « *Uti legassit super pecunia tutelave suæ rei, ita jus esto.* » Les héritiers du sang étaient complètement écartés par celui que la volonté du testateur s'était choisi; ils ne venaient à la succession qu'à défaut de testament. Outre l'institution d'héritier pour le tout, le testament pouvait encore comprendre des délibations de l'hérédité, c'est-à-dire des legs. Dans les provinces coutumières, il en était tout autrement; on ne tenait compte que du sang, et cela d'après le principe que : « Dieu seul fait les héritiers. » (Loisel, *Règles du droit français.*)

Ce n'est pas tout : l'institution d'héritier était de rigueur pour la validité d'un testament dans les provinces de droit écrit; il croulait sans elle, car c'était : *Caput atque fundamentum totius testamenti.* » Au contraire, dans les autres provinces, l'institution d'héritier rendait nul le testament qui la contenait; ou du moins, dans certaines coutumes moins rigoureuses, elle ne valait que comme legs universel. En un mot, celui qui voulait tester ne pouvait faire que des legs.

II. — En présence de principes si opposés, les rédacteurs du Code ont su se tenir dans un juste milieu; ils ont puisé aux deux sources et les ont fondues, tout en les tempérant, en un système éclectique. Maintenant, la volonté du testateur est complète : il peut disposer de quelque façon que ce soit, à titre d'institution d'héritier, de legs, ou sous toute autre dénomination; la disposition vaudra toujours comme legs, pourvu qu'elle se renferme dans les limites de la quotité disponible. Nous retrouvons donc l'intérêt des héritiers légitimes ménagé par l'établissement d'une réserve à leur profit; d'un autre côté, nous reconnaissons au testateur une grande latitude, tout en restreignant son pouvoir à celui de faire, non des continuateurs de sa personne comme en droit romain, mais de simples successeurs aux biens.

Notre Code a fait des legs une division tripartite :

1° Legs universel;

2° Legs à titre universel;

3° Legs particulier.

1° *Legs universel.* — L'art. 1003 le définit : ce legs est caractérisé par la vocation du légataire au tout, c'est-à-dire par un droit éventuel à la totalité des biens que laissera le testateur au jour de son décès. Et peu importe que cette espérance ne se réalise pas, ou soit considérablement diminuée : on ne juge pas ce legs d'après l'exécution qu'il reçoit, mais bien d'après la possibilité qu'il donne de recueillir tous les biens qui existent au jour du décès du testateur. Les bornes dans lesquelles nous avons circonscrit notre sujet nous empêchent de mettre ce principe dans une vive lumière par de nombreuses espèces.

2° *Legs à titre universel.* — L'art. 1010 ne le définit pas; mais il donne une énumération des cas où il a lieu. Il y a donc legs à titre universel quand le testateur lègue :

Soit une quote-part des biens dont la loi lui permet de disposer, comme une moitié, un tiers;

Soit tous ses immeubles,

Ou tous ses meubles;

Soit enfin une quotité fixe de tous ses immeubles,

Ou une quotité également fixe de tous ses meubles.

Ajoutons à ces cinq cas un sixième cas, celui où je lègue une fraction de tous les biens que je laisserai à mon décès.

Quant au legs de toute la quotité disponible, nous le regardons en principe comme universel : il donne vocation au tout s'il n'existe pas de réservataires au jour du décès; mais nous croyons qu'il faut laisser aux tribunaux le pouvoir d'apprécier si, en fait, le testateur n'a pas voulu, par l'emploi de ces expressions, limiter sa libéralité à une certaine fraction, par exemple, à celle dont il pouvait disposer au moment où il a testé. Et alors les circonstances nous placent en face d'un legs simplement à titre universel.

Les deux espèces de legs dont nous venons d'esquisser les principes généraux ne donnent, à ceux qui en sont investis, que la qualité de successeurs aux biens : par conséquent ils n'ont point la saisine, et doivent demander la délivrance aux différents débiteurs de leurs legs; mais cette obligation n'a pour effet que d'entraver l'exercice de leurs droits. Il existe un seul cas où l'un de ces légataires jouit du bénéfice de la saisine complète (art. 1006) : c'est celui où le légataire universel ne se trouve pas en concours avec des héritiers réservataires.

Les légataires universels et à titre universel recueillant toute la succession, ou tout le disponible, ou une fraction de ce disponible, doivent payer personnellement toutes les dettes de cette succession, ou une part proportionnelle à ce qu'ils y recueillent. Ils sont en outre seuls tenus d'acquitter, le légataire universel tous les autres legs, le légataire à titre universel tous les legs particuliers, à moins qu'il n'ait reçu qu'une fraction du disponible : il n'est tenu alors que par contribution avec les héritiers naturels (art. 1013). Mais, simples successeurs aux biens, nous croyons fermement, malgré la vivacité avec laquelle M. Demolombe défend le système opposé, que ces légataires ne peuvent être tenus qu'*intra vires emolumenti*. Le plus grand nombre de jurisconsultes, mus par de très-fortes considérations et par un sentiment d'équité, enseigne le système que nous adoptons ; toutefois, plusieurs d'entre eux admettent une exception que nous repoussons encore : ainsi, ils disent que, au cas où le légataire universel a la saisine (art. 1006), il doit être assimilé à un héritier légitime, et être, comme lui, tenu des dettes *ultra vires*. Cette assimilation est, à notre avis, purement arbitraire et complètement forcée ; car, comme le dit si justement M. Mourlon : « Sans doute, toute personne qui représente le *de cujus* jouit du bénéfice de la saisine ; mais la réciproque n'est pas vraie ; aucun texte ne l'établit. » Pour nous, par conséquent, les légataires, dans quelque situation qu'ils se trouvent, ne sont tenus des dettes qu'*intra successionis vires.*

3° *Legs particulier* (renvoi au chapitre suivant).

CHAPITRE II.

Du legs particulier.

(Code Nap., art. 1014-1024.)

Le Code ne définit point ce legs, mais il résulte bien de la combinaison des art. 1003, 1010 et 1013, que tout legs qui ne donne pas vocation au tout, ou qui ne rentre pas directement ou indirectement dans l'énumération de l'art. 1010, est un legs à titre particulier. C'est ainsi, *exempli causa* : que le legs de tous les biens que je possède au moment où je teste ne forme qu'un legs particulier, car il ne donne pas vocation à tous les biens que je pourrai posséder au moment de mon trépas. C'est ainsi encore que le legs de tous les prés, de toutes les vignes, de tous les meubles meublants, ne saurait être un legs à titre universel, mais bien à titre particulier, car il n'exprime pas une quotité fixe. — Ces deux exemples, que nous pourrions multiplier, suffisent pour faire voir la variété infinie de manières dont on peut léguer à titre particulier.

Pour faciliter l'étude de cette matière, nous la divisons en cinq paragraphes, qui comprendront successivement et dans un ordre méthodique les choses qui peuvent faire l'objet d'un legs, les droits du légataire particulier, les différentes actions que la loi lui accorde, les charges que son legs lui impose, enfin les causes de caducité, de révocation et de résolution du legs particulier.

§ 1. — *Des choses qu'on peut léguer.*

On peut dire d'une manière générale que tous les biens, meubles ou immeubles, corporels ou incorporels, peuvent faire l'objet d'un legs particulier, pourvu qu'ils soient dans le commerce. Les legs d'une créance, d'un usufruit, des autres servitudes et des charges de fonctionnaires publics, assujettis à un cautionnement, sont donc parfaitement valables. Cette condition ne saurait suffire, toutefois, si la chose léguée n'était pas aussi dans le commerce particulier du légataire : serait nul par conséquent le legs d'une servitude fait au simple possesseur d'un fonds, et qui en est évincé avant que cette servitude puisse être acquise au fonds par l'usage. (Duranton, t. 9, n° 235.)

On peut aussi léguer des faits, pourvu qu'ils soient possibles et licites : tels, par exemple, que la construction d'une maison par mon héritier au profit d'un autre individu, ou la prestation de services, etc.

On peut également léguer des choses indéterminément ou des quantités ; mais il faut qu'elles soient déterminables. Cette possibilité de détermination devra résulter de la désignation d'un genre pour les choses indéterminées, de la mesure ou du nombre pour les quantités. Quant au mot *genre*, il doit être ici entendu dans un sens restreint, et comme synonyme d'espèce, de classe ; aussi devons-nous déclarer nul, comme dérisoire, le legs d'un animal, et regarder comme parfaitement valable le legs d'un cheval, d'un bœuf, et, en un mot, de tout individu du règne animal ou des deux autres règnes.

Sans anticiper sur le commentaire spécial de l'art. 1021, nous pouvons dire que, quoique ces choses ne se trouvent pas dans les biens du testateur au jour de son décès, elles ne peuvent évidemment être considérées comme choses d'autrui ; l'héritier doit toujours se les procurer ; c'est une charge qui pèse sur lui. Il ne faut pas cependant, nous le pensons, étendre trop loin cette interprétation, et regarder comme valable, sans aucune exception, tout legs de choses indéterminées, dont aucune ne se trouve dans la succession du testateur. Ainsi, du legs d'une maison fait sans autre explication; bien certainement, en effet, ce legs serait aussi dérisoire que celui d'un animal, alors que l'héritier pourrait s'en acquitter valablement en prestant un magnifique palais ou une misérable chaumière.

Ce dernier point nous amène tout naturellement à exposer la théorie du legs de la chose d'autrui. En droit romain et dans notre ancienne jurisprudence, le legs de la chose d'autrui était parfaitement permis, mais c'était à condition que le testateur sût que la chose était à autrui. La preuve de cette connaissance de la part du *de cujus* donnait lieu à une multitude de procès; le Code y a coupé court en déclarant, dans l'art. 1021, le legs de la chose d'autrui nul dans tous les cas. Ce motif, fort plausible, n'a pas été le seul qui ait conduit les législateurs à cette innovation : ils ont cru voir à tort dans ce legs une disposition du bien d'autrui entraînant pour le tiers l'obligation de se départir de sa chose; tandis que ce n'était qu'un legs alternatif, forçant l'héritier soit à se procurer la chose, soit à en payer l'estimation s'il ne voulait ou ne pouvait l'acquérir.

Du reste, malgré l'absolu apparent de la règle de l'art. 1021, nous y apportons plusieurs tempéraments : et d'abord, nous avons vu qu'elle ne saurait s'appliquer au legs de choses indéterminées ou de quantités, mais seulement au legs de corps certains. Bien plus, nous disons même que ce legs sera valable quand le testateur se sera expliqué assez clairement pour montrer qu'il savait que le corps certain était à autrui, et qu'il n'a entendu en disposer que sous l'alternative de l'estimation. « Ce que la loi prohibe, dit M. Mourlon, ce n'est pas absolument le legs de la chose d'autrui, c'est le legs incertain, douteux de la chose d'autrui. » D'ailleurs, le Code lui-même sanctionne cette théorie par deux dispositions : celle de l'art. 1020 qui oblige l'héritier, si le testateur le lui a imposé, à dégrever la chose léguée de l'usufruit établi sur elle, ou à payer, d'après le refus de l'usufruitier, la valeur de l'usufruit au légataire. En second lieu, la disposition de l'article 1423 qui, au cas où le mari a légué un objet de la communauté, oblige les héritiers du mari à acquitter ce legs si l'objet en est tombé dans le lot du mari, ou à en payer la valeur s'il a été mis dans le lot de la femme. Nous n'hésitons pas à appliquer cette doctrine au cas où ce ne serait plus le mari, mais la femme qui aurait légué un objet de la communauté.

Il nous reste maintenant, pour terminer ce premier paragraphe, à passer en revue plusieurs questions, dont quelques-unes vont compléter tout ce qui se rattache à la règle nouvelle de l'art. 1021.

Si le testateur a légué la chose de son héritier, et qu'il soit simplement prouvé qu'il savait que cette chose appartenait à son héritier, nous regardons ce legs comme très-valable à titre de charge; mais nous ne saurions lui donner aucune force, si le testateur avait l'intention de léguer sa propre chose ou la chose d'un tiers : car il est impossible, au premier cas, de croire que le testateur a voulu imposer une charge à son héritier, et au second cas la disposition tombe sous le coup de la nullité de l'art. 1021.

Quant au legs de la chose du légataire, il est toujours nul dans notre législation; car de deux choses l'une : ou la chose léguée se trouve, au jour de la mort du testateur, encore entre les mains du légataire, et il ne peut être investi de la chose plus qu'il ne l'est déjà, « *quia quod meum est, amplius meum fieri nequit;* » ou bien la chose est aux mains d'un tiers, et c'est alors le legs de la chose d'autrui.

Que décider pour le legs d'une chose dont le testateur est copropriétaire par indivis? Si l'indivision règne encore au décès du testateur, pas de difficulté : le légataire est substitué au testateur, et se trouve en communauté avec les autres copropriétaires pour la part de ce dernier. — Si l'indivision a cessé avant le décès du testateur, notre solution n'est plus unique : ainsi, la chose a-t-elle été partagée; c'est la part qui est échue au testateur, qu'il possède au moment de son décès, que prend le légataire. — Le testateur a-t-il acheté la part de son copropriétaire, ou s'est-il rendu adjudicataire sur licitation; le legs subsiste toujours sans doute, mais il ne subsiste que sur la portion qui formait la part du testateur au moment où il testait, et non sur la totalité de la chose; car évidemment le *de cujus* n'a entendu léguer, dans l'espèce, que les droits qu'il avait à l'instant même où il disposait.

Mais supposons l'inverse, c'est-à-dire que c'est le testateur qui a vendu sa part à un tiers ou à son copropriétaire, ou bien que le fonds a été licité, et que c'est ce dernier qui s'est rendu adjudicataire; dans ce cas, le legs est toujours révoqué, car si l'hypothèse de la vente ne peut faire doute en présence du texte de l'art. 1038, l'hypothèse de l'adjudication ne peut davantage nous arrêter, soit qu'on la considère comme aliénation, soit qu'on lui applique la fiction de l'art. 883.

Si le testateur fait d'abord un legs à titre universel, et qu'il lègue ensuite le surplus de ses biens, nous décidons que ce second legs ne sera qu'à titre universel également, et qu'il n'y aura jamais lieu à accroissement. Mais si, au contraire, le premier legs était particulier, le legs du surplus serait universel, et la caducité du premier legs donnerait ouverture au *Jus non decrescendi*. Sur ces deux points il y a presque unanimité des auteurs.

Nous avons dit plus haut que l'on pouvait parfaitement léguer les démembrements de la propriété, et particulièrement l'usufruit. Quelques auteurs, touchés par les expressions dont se servent les art. 610, 611 et 612, ont voulu voir dans le légataire de l'usufruit de tous les biens un légataire universel. Mais il n'en est rien, selon nous : car ce legs ne donne droit qu'à la jouissance, loin de renfermer vocation au tout; d'un autre côté, il ne peut davantage rentrer dans les cas limités du legs à titre universel. Et si les rédacteurs du Code ont employé les expressions de l'article 612, ce n'était que pour opposer l'usufruitier dont le droit porte sur une masse de biens, à l'usufruitier de corps certains, d'objets individuellement déterminés. Pour nous donc, le legs d'usufruit est toujours particulier, sans aucune restriction. Il n'en est pas de même du legs de la nue propriété sur l'universalité ou une quote-part des biens : ce legs sera universel ou à titre universel; l'usufruit, ici, doit être regardé comme une servitude, comme une charge, et une charge ne saurait changer la nature d'un legs.

Enfin, l'article 1023, s'écartant de la doctrine du droit romain et de notre droit ancien, vient déclarer que le legs fait au créancier ne sera pas censé en compensation de sa créance, ni le legs fait au domestique en compensation de ses gages. Mais nous nous hâtons d'ajouter que ce n'est là qu'une présomption que devra faire tomber la déclaration de volonté du testateur. Nous ne pouvons douter que, dans ce cas, l'acquittement du legs tienne lieu au créancier du paiement de la dette elle-même.

§ 2. — *Droits du légataire particulier.*

Avant d'entrer dans l'étude des droits du légataire particulier, nous jugeons à propos de consacrer quelques lignes aux principales modalités dont peuvent être affectées les dispositions testamentaires, et à l'influence que ces diverses modalités peuvent exercer sur l'ouverture, la transmissibilité et l'exigibilité du legs.

Si le legs est pur et simple, le *Dies cedit* et le *Dies venit,* pour nous servir des expressions romaines, ont lieu à *morte testatoris,* c'est-à-dire qu'à partir de cette époque le droit à la chose léguée est ouvert au légataire; ce droit entre définitivement dans son patrimoine, et n'eût-il survécu qu'un seul instant de raison au testateur, il le transmet à ses héritiers. Il peut aussi, dès cet instant, former sa demande en délivrance.

Le legs affecté d'un terme est assimilé au legs pur et simple pour l'ouverture et la transmissibilité du droit; mais l'exigibilité en est retardée jusqu'au jour de l'arrivée du terme. Il faut, sous ce rapport, assimiler au legs à terme, d'après l'art. 1041, le legs fait sous une condition qui n'a pour but que d'en retarder l'exécution.

Quant au legs fait sous condition suspensive, il n'est ouvert, exigible et transmissible, qu'à partir de l'accomplissement de la condition. Jusque-là, le légataire n'a pas le moindre droit à la chose léguée; s'il meurt avant l'accomplissement de la condition, son legs devient caduc (art. 1040). Cette caducité peut au premier abord étonner, en face du principe de l'art. 1179, qui déclare transmissibles aux héritiers du stipulant les bénéfices d'un contrat conditionnel, alors même que ce dernier est mort avant l'accomplissement de la condition. Mais cette différence se tire de la nature même des choses; car si le stipulant stipule presque toujours pour lui et en vue de ses héritiers, le testateur au contraire ne pense qu'à la personne qu'il gratifie et non à ses héritiers, qui lui sont le plus souvent inconnus.

Les limites de notre sujet ne nous permettent pas d'entrer dans le détail des différentes conditions et des conséquences nombreuses qu'elles produisent. Nous ne pouvons davantage songer à étudier d'autres modalités, moins générales il est vrai, mais qui sont loin de manquer d'importance, telles que le legs fait avec charges, le legs rémunératoire, le legs avec démonstration, etc.

D'après les explications qui précèdent, nous avons vu que le légataire acquiert un droit à la chose léguée, soit du jour de la mort du testateur, soit de celui de l'arrivée de la condition suspensive. Nous allons examiner maintenant quelle est, pour le légataire particulier, la nature de ce droit.

A ne consulter que les expressions de l'art. 1014 : « droit à la chose léguée, » on pourrait être induit en erreur et regarder ce droit comme une simple créance; mais la doctrine de l'ancien droit et le texte exprès de l'article 711, qui place le legs au nombre des modes d'acquérir *ipso jure*, ne nous laissent pas douter que ce soit un véritable droit de propriété. Mais, bien entendu, et nous n'avons point besoin de nous appesantir sur ce point, s'il s'agit d'un objet *in genere*, il demande, pour être acquis, une tradition postérieure. Le principe de l'art. 1014, tel que nous l'entendons, ne s'applique donc qu'au legs de corps certains, c'est-à-dire de choses individuellement déterminées et appartenant au testateur.

S'il est vrai que le légataire particulier acquiert un droit de propriété, il n'est pas moins certain que, comme le légataire à titre universel, il n'a dans aucun cas la saisine. Il est bien investi activement et passivement de tous les droits et actions du testateur relativement à la chose léguée, mais ils demeurent paralysés dans sa main; en un mot, il n'en a pas l'exercice. Propriétaire de la chose léguée, il ne peut en prendre possession ni agir en revendication contre les tiers détenteurs; créancier comme le *de cujus*, il ne peut exercer aucune action contre ses débiteurs; débiteur lui-même, il ne saurait être poursuivi par les créanciers du testateur.

Cette position cesse, et ne peut cesser que par la demande en délivrance de son legs, intentée par le légataire contre ceux qui sont chargés de l'acquitter, ceux qui sont saisis de la masse des biens. Toutefois, dans deux cas formels, nous reconnaissons au légataire dispense de cette demande : c'est d'abord l'hypothèse où la chose léguée se trouverait au jour de l'échéance du legs dans la possession du légataire; auquel le défunt l'aurait confiée, à quelque titre que ce fût; et, en second lieu, si le légataire d'une chose mobilière était nommé exécuteur testamentaire, et que le testateur lui eût donné la saisine de son mobilier, conformément à l'art. 1026. (Toullier, t. 5, n°s 541 et 542.)

Un point capital de différence entre les legs particuliers et les autres espèces de legs ressort du moment à partir duquel ces différents légataires peuvent prétendre aux fruits de la chose léguée : ainsi, les légataires universels et, à notre avis, les légataires à titre universel, ont droit à ces fruits du jour du décès du testateur, si la demande en délivrance a été formée par eux dans l'année; sinon, du jour de cette demande ou de celui d'une délivrance volontairement consentie; tandis que les légataires particuliers, que leur demande ait été formée dans l'année ou postérieurement, n'ont droit aux fruits qu'à partir du jour de leur demande ou d'une délivrance amiable. Cette différence s'explique, à nos yeux, par la considération que le légataire particulier n'a droit à aucune fraction de l'universalité dans laquelle sont tombés les fruits perçus antérieurement. (Demante, t. 2, n° 377.)

La règle du deuxième paragraphe de l'art. 1014 n'est pas absolue, l'article suivant y apporte deux exceptions, qui forment elles-mêmes une règle spéciale : les intérêts ou fruits sont acquis au légataire particulier dès le jour du décès, et sans qu'il ait besoin de former de demande en justice :

1° Si le testateur a exprimé, à ce sujet, une volonté expresse dans le testament.

2° Lorsqu'une rente viagère ou une pension aura été léguée à titre d'aliments. Cette seconde exception tient évidemment à la nature très-favorable de ce legs, et à la nécessité de sa prompte exécution.

Nous sommes loin d'en avoir fini, dans ce paragraphe, avec tous les droits du légataire particulier ; nous n'avons vu que quelques droits principaux, présentant un caractère plus général. Les autres droits de ce légataire occuperont un rang plus logique au prochain paragraphe, quand nous traiterons des actions qui lui compètent, et particulièrement de l'action en délivrance.

§ 3. — *Actions conférées au légataire particulier.*

Notre législation s'est montrée fort large envers le légataire particulier ; elle lui accorde trois actions : l'action personnelle ou en délivrance, l'action hypothécaire (1017), enfin l'action en revendication, quand le legs est d'un corps certain. Nous allons, dans le même ordre, donner quelques détails sur l'étendue et les conséquences diverses de ces trois actions.

I. *Action personnelle.* — Cette action, autrement appelée *action en délivrance*, est nécessaire dans tous les cas au légataire particulier, que l'objet de son legs soit corps certain ou indéterminé ; sans elle, il ne peut arriver au bénéfice effectif de son legs, à la mise en œuvre de ses droits, car il n'a jamais la saisine.

Cette action naît de l'obligation quasi-contractuelle dont les héritiers ou autres débiteurs du legs sont tenus, en acceptant la succession ou la disposition grevée de legs.

Suivant l'art. 59 du Code de Procédure, et dans le silence du testateur, c'est devant le tribunal civil du lieu où la succession s'est ouverte que l'action en délivrance doit être portée, c'est aussi là que la délivrance doit s'effectuer. Mais si le legs porte sur un corps certain, il devrait être délivré dans le lieu même où il se trouvait au moment de la mort du testateur. Ces solutions sont toutes conformes aux principes généraux.

Cette action en délivrance, comme nous l'avons déjà vu, doit être nécessairement intentée contre ceux qui sont chargés d'acquitter les legs parti-

culiers, c'est-à-dire les héritiers réservataires, les légataires universels ou
à titre universel ; à leur défaut les collatéraux, puis les curateurs aux suc-
cessions vacantes, ou les héritiers irréguliers, ou bien encore quelquefois
un légataire particulier, chargé lui-même par le testateur d'acquitter des
legs de cette espèce.

Toutes ces personnes seront valablement actionnées dans la forme pres-
crite pour les affaires civiles, c'est-à-dire par une citation en conciliation,
suivie d'une assignation devant le tribunal civil (art. 59, Cod. de Proc.). Le
jugement intervenu sur cette action appartient essentiellement à la juridic-
tion contentieuse. (Toullier, t. 5, ch. 5.)

Le but de l'action en délivrance, c'est la mise en possession du légataire
de la chose même qui a été léguée. Ainsi, un legs de somme d'argent ne
pourrait être acquitté en bien-fonds, et réciproquement : la disposition du
testateur doit être exécutée à la lettre.

La prestation du débiteur du legs ne doit pas se borner à la prestation
effective de la chose léguée; il doit, de plus, délivrer, d'après le texte même
de l'article 1018, les accessoires nécessaires de cette chose. On comprend
qu'il est impossible d'entrer dans l'énumération de ces accessoires; ils va-
rient suivant la nature de l'objet légué.

Si l'objet légué est indéterminé, il ressort bien des termes de l'art. 1022
que le choix pour la délivrance appartient à l'héritier; et cette règle n'est
que l'application très-logique de l'art. 1190, qui octroie le choix au débiteur.
Mais cette règle n'étant pas d'ordre public, le testateur peut non-seulement
y déroger par une volonté formellement exprimée, mais on interprète aussi
son intention de déférer le choix au légataire par l'emploi qu'il a fait de
telle ou telle formule, comme si par exemple il a dit : Titius prendra un de
mes chevaux, etc. Nous n'avons plus, comme en droit romain, quatre manières de léguer, dont les formules indiquaient naturellement à qui le choix
devait appartenir.

Du reste, quel que soit celui auquel le choix appartienne, il ne jouit pas
d'une complète latitude, l'art. 1022 le dit positivement : la chose prestée
ne doit être ni de la meilleure ni de la plus mauvaise qualité; la prestation
d'une chose médiocre remplira complètement le but de l'obligation.

Tout ce que nous allons dire postérieurement s'applique plus spécialement
aux legs de corps certains.

L'art. 1018, dans sa seconde partie, pose le principe : que la chose doit
être délivrée dans l'état où elle se trouve au décès du donateur. Cette dis-

position doit être prise dans un sens restreint, et il ne faut pas l'appliquer aux améliorations ou détériorations survenues à la chose léguée depuis la mort du testateur, par cas fortuit ou par le fait de l'héritier : car, au premier cas elles seraient à son profit ou à son détriment sans aucune indemnité de part ni d'autre, tandis qu'au second cas il devrait ou indemniser l'héritier ou être indemnisé par lui. Aussi restreignons-nous la disposition de l'art. 1018 aux améliorations ou détériorations survenues à la chose léguée entre le testament et le décès du testateur. Les art. 1019 et 1020 nous donnent immédiatement des applications de ce principe, et vont nécessiter quelques courtes explications pour suppléer à l'insuffisance du texte.

La chose s'est-elle augmentée naturellement, le légataire profite de toute cette augmentation; s'est-elle au contraire accrue par le fait du testateur, le légataire a droit à tous les embellissements et constructions effectués sur le fonds légué, à toutes les acquisitions mêmes qui n'ont fait qu'augmenter l'enceinte d'un enclos. Mais toutes autres acquisitions postérieurement faites et qui ne sont pas l'objet d'une seconde disposition ne sauraient être comprises dans la première, alors même qu'elles seraient contiguës; le texte de l'art. 1019 est précis.

La chose s'est-elle détériorée dans le même intervalle, nous déciderons aussi, avec Pothier, que le légataire seul en subit toute la perte. (Pothier, p. 325, *Des divisions territoriales.*)

Quant à l'art. 1020, il prévoit le cas très-fréquent où la chose léguée serait grevée d'hypothèque ou d'usufruit, antérieurement ou postérieurement au testament, peu importe. Eh bien! l'héritier n'est point obligé de dégrever cette chose des charges qui pèsent sur elle, il se libère en la délivrant telle qu'elle est au décès du testateur. Le legs, en cas d'usufruit, se réduira donc à la nue propriété; mais, au cas d'hypothèque, il ne faut pas croire que le légataire sera tenu d'acquitter les dettes qu'elle garantit, les rentes foncières même depuis les innovations du Code Napoléon; tout ce qu'il aura payé, de bon gré ou de force, lui sera remboursé par les véritables débiteurs, les successeurs universels. (Art. 874.)

Ici encore la volonté toute puissante du testateur peut imposer à l'héritier l'obligation de dégrever la chose léguée; et ce dernier se libérera en éteignant l'usufruit et l'hypothèque, si l'usufruitier et le créancier y consentent, ou en payant au légataire la somme représentative du gain que cette extinction lui eût procuré. Nous avons déjà mentionné cette hypothèse à titre d'exemple du cas où le testateur entend léguer la chose d'autrui.

Nous avons jusqu'ici défini l'action personnelle, décrit sa procédure, énuméré ses conséquences; nous devons maintenant voir dans quelles limites elle s'exerce.

Elle s'exerce, d'après les termes du premier paragraphe de l'art. 1017, contre chacun des héritiers ou autres débiteurs du legs, qui sont personnellement tenus de l'acquitter au prorata de leur émolument dans la succession. L'action est divisée proportionnellement; rien de plus simple que cette règle.

Mais les débiteurs du legs, tenus de cette façon, le seront-ils *intra* ou *ultra vires successionis?* Sur cette question nous ne distinguons pas; car les héritiers bénéficiaires, quels qu'ils soient, ne peuvent jamais être tenus qu'*intra vires;* il en est de même, selon notre opinion, de tous les légataires sans exception. Quant aux réservataires, ils ne doivent rien payer au-delà du disponible. Enfin, les autres héritiers, qui ont fait acte d'héritier pur et simple, ne nous semblent pas devoir être plus rigoureusement traités. Plusieurs dispositions du Code nous prouvent bien que ses rédacteurs n'ont point entendu assimiler les legs aux dettes, et que toujours ils ne doivent être acquittés qu'*intra emolumentum successionis.* Ces dernières solutions sont cependant loin d'être admises par tous les auteurs.

L'article 1016 nous dit qui supportera les frais. Ceux de la demande en délivrance seront à la charge de la succession, sans néanmoins qu'il puisse, en quelque cas que ce soit, en résulter réduction de la réserve légale. Ceux d'enregistrement seront à la charge du légataire. — L'article ajoute : « s'il n'en a été autrement ordonné par le testament. » Ce qui, d'après Duranton, se restreint à dire que le testateur peut mettre réciproquement à la charge de ces deux débiteurs la dette que le droit commun eût fait supporter à l'autre.

Depuis la loi du 22 frimaire an VII, le légataire particulier, qui veut réclamer son legs, n'est plus forcé, comme autrefois, de faire enregistrer le testament entier, et de faire l'avance de tous les frais : les rédacteurs de cette loi, par une disposition fort équitable, ne mettent plus à sa charge que les frais qu'il doit supporter définitivement, c'est-à-dire ceux qui sont relatifs à son legs, qu'il peut, de plus, faire enregistrer séparément.

II. *Action hypothécaire.* — Tout légataire particulier jouit d'une hypothèque pour l'acquittement de son legs; c'est ce qu'exprime le deuxième paragraphe de l'art. 1017. Cette hypothèque, quoique l'art. 2121 ne la mentionne pas dans sa nomenclature, est légale, et, comme toute autre hypothèque, elle donne droit de préférence et droit de suite. Quant à l'action qui en découle, elle compète au légataire particulier contre les héritiers ou autres débiteurs du legs « pour le tout, jusqu'à concurrence des immeubles de la succession dont ils seront détenteurs. » Ce sont les propres expressions du Code. (Art. 1017.)

Il faut convenir que ce droit est exhorbitant, et qu'il n'est que le fruit d'une erreur législative. Les rédacteurs du Code ont, en effet, appliqué fort mal à propos le principe excellent de l'indivisibilité de l'hypothèque préexistante, comme celle qui garantit, par exemple, une dette héréditaire, à l'hypothèque des légataires. Ils n'ont pas pris garde que l'obligation de payer le legs est née multiple, et que le légataire, ayant autant de créances qu'il y a de débiteurs du legs, eût dû avoir le même nombre d'hypothèques distinctes, parfaitement indivisibles chacune.

Du reste, la faute des rédacteurs du Code avait été commise dans l'ancien droit par quelques jurisconsultes; Renusson et Bacquet avaient élevé cette doctrine en contradiction avec celle de Pothier. Il n'est pas étonnant que, dans la rapidité de leur œuvre, nos législateurs modernes se soient laissé entraîner par une objection qui tout d'abord semble sérieuse et même irréfutable. D'ailleurs, ils ont cru copier Justinien, qui, lui aussi, donne une hypothèque aux légataires contre les débiteurs des legs. Mais cet empereur ne s'explique nullement sur l'étendue de l'action hypothécaire; il renvoie à l'une de ses Constitutions, au Code, où il est dit positivement qu'elle ne s'exerce que dans les limites de l'action personnelle.

De cette critique, concluons donc que l'action hypothécaire ne devrait logiquement s'exercer que dans les limites de l'action personnelle du premier paragraphe de l'art. 1017 : ce qui n'empêcherait pas cette hypothèque de conférer d'immenses avantages au légataire.

Disons, en terminant cette partie de notre sujet, que l'hypothèque du légataire ne s'étend que sur les immeubles de la succession, et non sur les autres biens des débiteurs des legs; puis, que le testateur peut très-bien, s'il lui plaît, affranchir les débiteurs du legs de toute hypothèque légale pour l'exécution de leur obligation.

III. *Action en revendication.* — Cette action ne peut évidemment appartenir qu'au légataire d'un corps certain et déterminé. Il peut l'exercer contre les tiers détenteurs de l'objet légué, puisque, par le seul effet du legs, *ipso jure,* il est devenu propriétaire; mais rappelons-nous bien que cette propriété est morte dans ses mains jusqu'à sa mise en possession : il ne peut donc être en droit d'exercer valablement une action en revendication que du jour où la délivrance de son legs a été réalisée.

§ 4. — *Charges du legs particulier.*

Nous avons déjà eu l'occasion de le constater, la volonté du testateur est souveraine, il peut donc imposer au légataire particulier toutes les charges qu'il lui plaît, en faveur de l'héritier ou de n'importe quelle autre personne, pourvu que ces charges ne soient pas contraires à l'ordre public, aux bonnes mœurs, ou absolument impossibles à exécuter. Ces charges ne mettent pas, il est vrai, comme les conditions, obstacle à la transmission et à la délivrance du legs, mais elles doivent être remplies à la lettre par le légataire s'il veut mettre la disposition testamentaire à l'abri de résolution, ou du moins de toute recherche postérieure de la part du tiers intéressé.

Le testateur peut parfaitement mettre à la charge du légataire particulier l'acquittement d'autres legs de la même espèce, ce qui arrive fort souvent d'après la nature même de la disposition : comme si, par exemple, il lègue sa bibliothèque à Pierre, puis une partie des livres de cette bibliothèque à Paul, une autre partie à Jacques, etc.

En l'absence de volonté expresse ou tacite du *de cujus*, aucune charge ne pèse sur le légataire particulier. A la différence du légataire universel et à titre universel, il ne contribue pas en principe aux dettes de la succession (art. 1024 et 871) et ne peut être poursuivi pour ces mêmes dettes. — Ce principe, pour être bien compris, doit être entendu dans un sens restreint; c'est-à-dire que toutes les dettes doivent être payées avant l'acquittement des legs, et que seulement après, et dans le cas d'un excédant d'actif, le légataire recevra son legs franc et quitte, totalement ou en partie, selon qu'il restera des biens pour l'acquitter de l'une ou de l'autre de ces façons.

Si le légataire particulier est affranchi de toute dette, c'est qu'on a pensé avec raison que le testateur, en précisant sa libéralité, avait l'intention de l'affranchir de toute obligation; et que d'un autre côté, mettre des dettes à sa charge, c'était donner lieu à des ventilations multipliées, à des frais par conséquent très-considérables, et apporter des difficultés sans nombre aux poursuites des créanciers et au recouvrement de leurs créances.

Au principe de l'art. 1024 nous rencontrons cependant deux exceptions : l'une générale, quand un immeuble légué est grevé d'hypothèque : le légataire particulier doit satisfaire, en qualité de détenteur, à l'action hypothécaire, mais il ne fait jamais qu'une avance, et a recours contre qui de droit, contre les héritiers ou autres débiteurs de la dette hypothécaire ;

L'autre, particulière au legs d'usufruit, qui dans notre opinion est toujours particulier. Eh bien ! cependant, d'après l'art. 612, le légataire en usufruit de l'universalité ou d'une quote-part de l'universalité des biens est tenu des intérêts des dettes dont le nu-propriétaire paie le capital.

Rappelons-nous enfin que tous les légataires, quels qu'ils soient, sont soumis à la réserve légale, et à la réduction qui en est la conséquence. Rappelons-nous encore que les dispositions testamentaires sont toujours réduites avant les donations, et qu'en outre, s'il est possible de les faire rentrer dans les limites de la quotité disponible, leur réduction, à la différence de celle des donations, a lieu sur toutes à la fois, au mare le franc. La loi n'a pris en considération ni l'antériorité de la date, ni la cause favorable de la disposition, pour établir préférence de tel legs sur tel ou tel autre. L'art. 926 ne laisse aucun doute à cet égard.

§ 5. — *Révocation, caducité et résolution des legs.*

(Sect. VIII, art. 1035-1047.)

Un testament qui renferme toutes les conditions de validité exigées par la loi conserve toute sa force, quel que soit le temps qui s'est écoulé entre sa confection et la mort du testateur ; mais il peut néanmoins se faire que, valable *a priori*, il devienne ensuite inefficace, complètement ou du moins en partie, d'après trois ordres de faits différents, qui sont la révocation, la caducité, la résolution, pour certains motifs, des dispositions qu'il contient. Nous allons brièvement en rechercher les causes.

I. *Révocation.* — La révocation résulte d'un changement de volonté chez le testateur. Elle peut être totale ou partielle, selon l'art. 1035. Elle peut aussi être expresse ou tacite.

La révocation est expresse dans deux cas :

1° Quand le testateur a exprimé le changement de sa volonté dans un testament postérieur, quelle qu'en soit la nature ;

2° Ou quand il a manifesté cette volonté dans un acte notarié simplement ordinaire.

La révocation est tacite quand on l'induit de certains faits qui font supposer changement de volonté, et qui sont :

1° La confection d'un ou de plusieurs testaments postérieurs. En droit romain, un second testament, *jure factum*, annulait le premier pour la totalité, et toujours ainsi de suite; cela tenait à ce que l'héritier institué devait nécessairement l'être pour l'universalité des biens. En droit français, les principes ont complètement changé; aussi le même individu peut-il avoir plusieurs testaments à la fois, tous parfaitement valides, et qui recevront exécution. « Les testaments postérieurs, nous dit l'art. 1036, qui ne révoqueront pas d'une manière expresse les précédents, n'annuleront dans ceux-ci que celles des dispositions y contenues qui se trouveront incompatibles avec les nouvelles, ou qui seront contraires. » Cette incompatibilité, cette contradiction qui produisent révocation tacite des anciennes dispositions, la loi ne nous dit point à quels signes les reconnaître; aussi est-ce une pure question de fait, laissée à l'appréciation des juges.

L'art. 1037 pose un principe facile à saisir : que le légataire soit incapable ou qu'il refuse de recueillir, peu importe; le défaut d'exécution du testament n'a aucune influence sur la révocation qu'il renferme.

2° La seconde cause de révocation tacite est l'aliénation postérieure de tout ou partie de la chose léguée. De nos jours, toute aliénation fait présumer la révocation du legs pour tout ce qui a été aliéné, la preuve contraire n'est plus admise comme dans l'ancien droit : ainsi, l'art. 1038 nous le dit en termes positifs, la révocation résultera :

D'aliénations avec faculté de rachat, quand bien même, par l'effet de l'action en réméré, la chose léguée fût rentrée aux mains du testateur;

D'aliénations qui ne consistent que dans des échanges : les choses reçues en échange des choses léguées ne prendront pas leur place;

Enfin, d'aliénations frappées de nullités, par suite desquelles le testateur a repris possession des choses léguées. Et nous entendons ici, avec Pothier, aussi bien la nullité absolue que la nullité relative.

En un mot, et pour nous résumer, la simple volonté d'aliéner suffit pour faire présumer l'intention de révoquer de la part du testateur; remarquons bien toutefois que cette volonté doit être saine et n'être soumise à l'empire d'aucune violence.

Remarquons aussi que cette cause de révocation est, d'après la nature même des choses, spéciale aux legs à titre particulier.

3° La troisième et dernière cause de révocation tacite consiste dans la rature de toutes ou quelques-unes des dispositions testamentaires par le testateur, ou dans la lacération qu'il a faite de l'acte qui les contient. Sans aucun doute il y a révocation des legs en totalité ou en partie; et si le Code n'a aucune disposition sur ce point, c'est que cette cause est encore une question de fait dépendant des circonstances, et que la prudence des magistrats doit savoir apprécier.

II. *Caducité*. — La caducité ne dépend plus d'un changement de volonté du testateur, mais d'évènements spéciaux, qui se réalisent soit dans la personne du légataire, soit dans la chose léguée. Ces évènements sont au nombre de six; les legs sont caducs :

1° Si le légataire meurt avant le testateur (art. 1039);

2° Lorsque, ayant survécu au testateur, il meurt avant la réalisation de la condition, si le legs est conditionnel (art. 1040);

3° Lorsque la condition à laquelle était subordonnée la validité du legs est défaillie;

4° Lorsque le légataire répudie le legs;

5° Lorsqu'il est incapable de le recueillir (art. 1043);

6° Enfin, si la chose léguée a péri du vivant du testateur (art. 1042). — Il y aura perte de la chose léguée chaque fois que la forme sera détruite, et quand même la matière subsisterait toujours.

« Il en sera de même, ajoute l'art. 1042, si elle a péri depuis sa mort, sans le fait et la faute de l'héritier, quoique celui-ci ait été mis en retard de la délivrer, lorsqu'elle eût également dû périr entre les mains du légataire. » Nous avons peine à voir dans ce second cas une cause de caducité proprement dite. Du reste, quelque dénomination qu'on adopte, le legs a produit ses effets, et le légataire a certainement droit d'en réclamer les accessoires.

En principe général, quand une disposition testamentaire est caduque, elle profite à ceux à qui elle aurait nui si elle eût eu tout son effet, c'est-à-dire à ceux qui étaient chargés de l'acquitter. Nous avons vu quelles étaient ces personnes.

Cette règle souffre deux exceptions : et d'abord, quand il y a un substitué vulgaire, c'est à lui que revient le legs caduc; en second lieu, quand une même chose a été léguée à plusieurs d'une manière particulière. Cette seconde exception embrasse la théorie du droit d'accroissement, fort compliquée dans le droit romain, simplifiée par le droit français, et contenue dans deux articles seulement, les art. 1044 et 1045.

Ce droit d'accroissement doit être plutôt appelé droit de non-décroissement; car quand le colégataire l'exerce, il ne fait qu'user de son droit propre, puisqu'il avait vocation au tout, d'après l'intention du testateur. Il s'agit donc de déterminer les cas où le colégataire est réputé avoir vocation au tout, et c'est ce qu'a fait la loi.

Comme en droit romain, l'art. 1044 reconnaît l'accroissement s'il y a conjonction *re et verbis*, et le rejette s'il n'y a que conjonction *verbis*.

Mais, à la différence de la législation romaine, elle n'admet pas indistinctement l'accroissement si la conjonction est *re tantum ;* elle ne l'admet que si la chose n'est pas susceptible d'être divisée sans détérioration. Cette distinction est, à notre avis, arbitraire, bizarre, illogique même. « L'influence des mots, comme le dit M. Mourlon, l'a emporté sur le simple bon sens; » mais enfin la loi est formelle (1).

Cette théorie de l'accroissement donne naissance à beaucoup de questions controversées, et peut faire à elle seule l'objet de longs développements. Nous n'avons fait que donner une courte analyse de ses principes.

III. *Résolution.* — Cette résolution laisse supposer que le legs a pu produire ses effets. C'est le fait du légataire qui y donne lieu, s'il n'exécute pas les conditions ou s'il se rend coupable d'ingratitude envers le testateur (art. 1046). — Le refus d'aliments n'est pas placé ici au nombre des faits qui constituent l'ingratitude, à la différence de la matière des donations; mais en revanche elle découle d'un fait nouveau, l'injure grave à la mémoire du testateur (art. 1047). — Cet article fixe le délai de l'action en résolution, quand elle se fonde sur cette dernière cause d'ingratitude; mais si elle repose sur les autres causes, la loi ne s'est pas expliquée, et ce silence a donné lieu à beaucoup d'opinions contraires.

---

(1) Nous n'hésitons pas à admettre l'accroissement dans tous les cas, si le legs, au lieu d'être particulier, était universel ou à titre universel.

PROCÉDURE CIVILE.

Des Descentes sur les Lieux.

(C. Pr., tit. 13, art. 295-301.)

Lorsqu'un fait contesté n'est pas suffisamment prouvé au juge, il doit chercher à découvrir la vérité soit en entendant les parties elles-mêmes, soit en entendant des tiers qui peuvent avoir connaissance de ce fait, soit enfin en examinant lui-même l'objet contentieux.

C'est ce dernier point qui doit nous occuper. Cette matière, qui n'offre pas de grandes difficultés, fait l'objet au Code de Procédure de sept articles. Nous suivrons à peu près l'ordre de ces articles, en donnant une explication succincte sur chacun d'eux; toutefois, pour donner plus de clarté, plus de corps à nos explications, nous diviserons ce sujet en trois paragraphes : 1er Qu'est-ce que la descente sur les lieux? Dans quels cas doit-elle être ordonnée (art. 295)? 2e Formalités de cette voie d'instruction (art. 296, 297, 298, 299). 3e Règles spéciales contenues dans les art. 300 et 301.

§ 1er.

1° On peut définir la descente sur les lieux : le transport d'un juge, assisté du greffier, sur les lieux contentieux pour les examiner, en saisir les points décisifs, et les recueillir dans un procès-verbal; ou plutôt, c'est le transport du juge sur les lieux contentieux à l'effet soit d'en dresser un état descriptif, soit de reconnaître l'applicabilité à ces mêmes lieux des titres invoqués par les parties.

2° D'après l'art. 295, nous voyons que le juge n'a pas complète latitude pour ordonner cette voie d'instruction : tantôt il peut le faire d'office, tantôt il ne peut le faire que sur la requête de l'une ou l'autre des parties. — Le tribunal peut l'ordonner d'office dans tous les cas où il le croit nécessaire pour éclairer sa religion et décider en connaissance de cause, ce qui arrive surtout en matière de servitudes; mais cette faculté cesse pour le tribunal dès lors que l'affaire donne lieu à un rapport d'experts. Le texte de la loi est formel : il faut que la descente sur les lieux soit requise par l'une ou l'autre des parties (art. 295). Le motif de la loi est très-sage : elle laisse la partie entièrement maîtresse de voir si la présence du juge lui est nécessaire soit pour maintenir l'ordre et l'impartialité parmi les experts, soit pour faciliter à ces derniers, d'après la plus grande étendue de son pouvoir, l'exercice de leur tâche. Naguère, sous l'ordonnance de 1667, la requête des parties devait être faite par écrit; mais nous voyons, d'après l'art. 295, qu'il suffit qu'elle soit formulée verbalement à l'audience.

§ 2ᵉ. — *Formalités.*

Les formalités de cette voie d'instruction sont aussi simples qu'économiques. Elles consistent dans la nomination d'un juge-commissaire (art. 296); l'ordonnance par laquelle il fixe jour et heure (art. 297); le procès-verbal qu'il dresse (art. 298); la signification de ce procès-verbal et la poursuite de l'audience.

Art. 296 : Le juge-commissaire, suivant cet article, sera l'un des juges qui auront assisté au jugement qui ordonne la descente sur les lieux. Cette disposition n'a pas besoin de justification, puisque cette voie d'instruction n'a été introduite dans la loi que pour procurer au tribunal, par l'entremise de l'un de ses membres initié à tous les détails de l'affaire, cette spontanéité de conviction qui ne peut résulter que d'un examen, d'une inspection personnelle. Toutefois, cette disposition n'est applicable, selon nous, que lorsque l'objet contentieux est à une faible distance du siége du tribunal; dans le cas contraire, nous croyons que ce tribunal devrait, conformément à l'art. 1035, donner commission rogatoire afin de procéder à l'examen des objets contentieux. Les termes généraux de cet article comportent parfaitement cette décision. Nous convenons, il est vrai, qu'elle ne remplit pas tout à fait le but intime de la loi; mais enfin cette légère nuance disparait entièrement devant les inconvénients de l'opinion contraire, alors que l'objet contentieux se trouverait à cent ou deux cents lieues, par exemple, du siége du tribunal.

Art. 297 : Le texte de cet article, dans ses dispositions, a pour but d'éviter la formation précipitée et non-contradictoire de la conviction du juge. Chaque partie présentant l'affaire sous un jour différent et au seul point de vue de son intérêt particulier, il serait fort dangereux que le juge n'entendît que les explications d'une seule partie. C'est pour obvier à ce danger que la loi lui fait un devoir rigoureux de rendre une ordonnance qui fixe les lieu, jour et heure de la descente. — Cette ordonnance devra être levée par l'avoué de la partie requérante, et signifiée à l'avoué de la partie adverse, ou à elle-même, si elle n'a pas d'avoué. — Une fois ces formalités remplies, si la partie avertie ne se présente pas aux lieu, jour et heure indiqués, il n'y a plus de faute à imputer à la partie requérante ni au juge-commissaire; et ce dernier peut se livrer à toutes les autres formalités de cette procédure, la partie ayant tacitement renoncé à son droit de contredire.

Art. 298 : D'après cet article, le juge doit dresser un procès verbal, lequel relatera l'observation de toutes les formalités prescrites antérieurement, les descriptions nécessaires, les faits et circonstances, les énonciations des parties qui peuvent servir à l'éclaircissement de l'affaire, etc.; enfin, la mention des journées employées aux transport, séjour et retour.

Art. 299 : Une fois ce procès-verbal terminé et signé, il devra être signifié par la partie la plus diligente aux avoués des autres parties; et trois jours après elle pourra poursuivre l'audience sur un simple acte. — Cette dernière formalité ne demande aucune explication; nous ferons toutefois observer qu'une présomption absolue de vérité n'est pas attachée à ce procès-verbal, et que le tribunal peut fort bien, sur les allégations de la partie adverse, adopter l'avis contraire et rendre un jugement opposé.

§ 3°. — *Règles spéciales.*

1° Art. 300 : Cet article ne rend la présence du ministère public sur les lieux nécessaire qu'autant qu'il est lui-même partie, et nous ajoutons, partie principale. Dans ce cas, mais dans ce cas seulement, il est indispensable qu'il y assiste; sans cela, le juge n'entendrait que les allégations de l'une des parties, inconvénient que toute la procédure de notre titre s'efforce de prévenir.

2° Art. 301 : Pour que le juge n'éprouve aucune difficulté de remboursement, l'avance des frais de transport, etc., doit être faite et consignée au greffe par la partie requérante. Ces frais ne doivent se comprendre que de ceux du juge-commissaire; ceux des parties ou du ministère public ne sauraient, en aucun cas, entrer en ligne de compte.

D'un autre côté, nous sommes très-porté à croire que si la descente est ordonnée d'office, les frais doivent être mis pour moitié à la charge des deux parties, puisqu'il n'y a plus alors de partie requérante

QUESTIONS.

Droit Romain.

1° L'héritier doit-il payer les dettes du pécule, ou bien est-ce le légataire de ce pécule? — L'héritier est seul tenu *de peculio,* mais il peut, s'il le veut, se faire donner caution par le légataire.

2° Dans l'action négatoire, qui du demandeur ou du défendeur doit administrer la preuve? — C'est toujours le demandeur.

Code Napoléon.

1° Si un étranger, créancier d'un autre étranger, a fait cession de sa créance à un Français, ce Français doit-il jouir de la compétence exceptionnelle de l'art. 14 du Code Napoléon? — Non, si la créance est purement civile; oui, si elle est négociable par la voie de l'ordre.

2° L'enfant né pendant le mariage, mais conçu auparavant, naît-il légitime ou simplement légitimé? — Il naît légitimé.

3° Si l'usufruitier a fait des constructions sur le terrain grevé d'usufruit, le propriétaire qui les conserve doit-il, oui ou non, les payer? — Il doit les payer?

4° La faculté de s'affranchir, par l'abandon de son droit, des obligations qu'entraîne la mitoyenneté, s'applique-t-elle même au cas où il s'agit d'un mur situé à la ville ou dans un faubourg? — Non.

5° Quels cas faut-il supposer pour l'application des art. 762 et 908 du Code Napoléon? — La simple preuve de fait de la filiation adultérine ou incestueuse suffit.

6° La subrogation transfère-t-elle réellement l'ancienne créance avec ses accessoires, ou ne fait-elle que transporter les accessoires de l'ancienne à une nouvelle créance? — Elle transfère réellement l'ancienne créance.

7° Si l'emprunteur a laissé périr la chose prêtée, et qu'il ait été condamné à des dommages et intérêts, sa dette est-elle devenue compensable? — Non.

8° La femme étrangère peut-elle jouir d'une hypothèque légale sur les biens de son mari situés en France. — Oui.

Droit Commercial.

Si le tireur qui a fait provision tombe en faillite, le porteur aura-t-il droit à la provision par préférence aux autres créanciers du tireur? — Non.

Droit Criminel.

L'art. 637 du Code d'Instruction Criminelle doit-il être restreint pour l'extinction de l'action civile au cas où cette action a été portée devant les tribunaux répressifs? — Non.

Rennes, le 5 août 1859.

CH. COUDÉ.

Vu pour l'impression,
Le doyen, H. RICHELOT.

RENNES. — IMPRIMERIE DE CH. CATEL ET Cie.

www.ingramcontent.com/pod-product-compliance
Lightning Source LLC
Chambersburg PA
CBHW061649050726
47598CB00004B/1519